AF244391

DEUX MOTS

SUR

LE BAIL A DOMAINE CONGÉABLE

OU CONVENANT

PAR

PAUL HENRY

DOCTEUR EN DROIT

CAEN

F. LE BLANC-HARDEL, IMPRIMEUR-LIBRAIRE

RUE FROIDE, 2

1868

DEUX MOTS

SUR

LE BAIL A DOMAINE CONGÉABLE

OU CONVENANT

PAR

PAUL HENRY

DOCTEUR EN DROIT

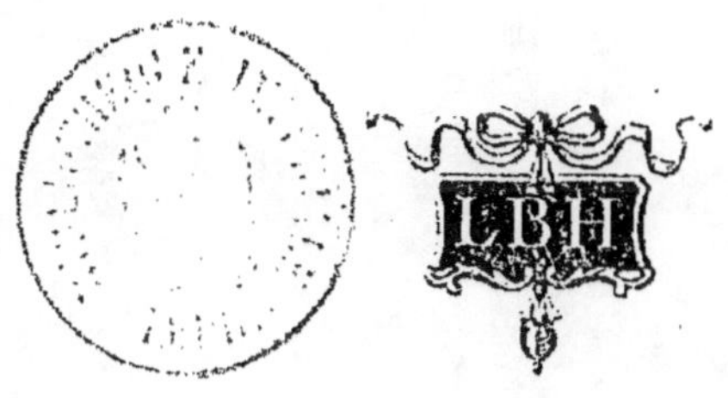

CAEN

F. LE BLANC-HARDEL, IMPRIMEUR-LIBRAIRE
RUE FROIDE, 2

—

1868

Parallèlement au louage des immeubles, tel qu'il est réglementé par le Code Napoléon, il existe dans la partie Bretonne de notre province une vieille institution, débris de nos anciennes coutumes, respectée par le législateur nouveau : le bail à domaine congéable ou convenant.

On appelle ainsi le contrat par lequel un propriétaire (*le foncier*) abandonne à un tiers (*le domanier*) la jouissance de son immeuble (*tenue convenancière*), ainsi que la propriété des édifices et superfices, pour un temps indéterminé, c'est-à-dire jusqu'à ce qu'il juge à propos de le *congédier* en lui remboursant *préalablement la valeur, à l'époque du congément*, desdits édifices et superfices, et des améliorations conformes à la destination du bail.

Il est incontestable et incontesté que cette institution est fort ancienne. On ne peut que former des conjectures sur le point de savoir quelle en est l'origine précise. Il paraît toutefois naturel de faire remonter cette origine à un événement mémorable de l'histoire de notre pays dont il changea le nom : l'émigration des Bretons en Armorique.

1

Tout porte à croire que les émigrants s'établirent surtout dans la partie occidentale de ce pays, appelée aujourd'hui *Basse-Bretagne*, dont les habitants parlent encore la langue Bretonne, et pour lesquels leurs voisins sont toujours des Gaulois, *Galloed*, et les Anglais des Saxons, *Saozons* : or, il est remarquable que c'est seulement, comme je le disais en commençant, dans cette partie Bretonne de notre pays qu'existe le domaine congéable.

Baudouin (*Inst. convenancières*) explique ainsi l'établissement en Armorique des Bretons chassés par les Anglo-Saxons : « Libres et puissants par leur nombre, ces réfugiés ne furent point rangés dans la classe des cultivateurs indigènes qui étaient serfs ; ils se lièrent simplement par des *conventions franches*, suivant lesquelles ils prirent la culture des terres infertiles, sans en acquérir la propriété, mais à la condition expresse de jouir jusqu'au remboursement de leurs améliorations. »]

« L'intérêt, dit le même auteur, domina dans un contrat purement économique. »

Le bail à domaine congéable n'avait donc en aucune façon, du moins dans ses conditions essentielles, les caractères d'un contrat féodal. Il a toujours suffi d'être propriétaire pour pouvoir bailler à convenant (Baudouin, p. 11). Aucun lien de

fidélité ne liait le concessionnaire au concédant.
(Carré, *Comment.* de la loi du 6 août 1791, p. 28.)

« L'existence immémoriale de cette tenue
« franche, dit l'auteur d'un article sur l'histoire
« du Droit Breton, et par suite l'absence du ser-
« vage en Basse-Bretagne, alors que partout ail-
« leurs et notamment dans la Haute-Bretagne, la
« terre était exploitée par des serfs, contribue à
« nous expliquer ce caractère fier et indépendant
« qui, aujourd'hui encore, distingue les laboureurs
« de la Basse-Bretagne, et contraste d'une ma-
« nière si saillante avec le caractère tout différent
« des paysans de la Bretagne Française... »

« Produit informe d'un mélange de Gaulois,
« de Bretons, de Francs, de Normands, la Haute-
« Bretagne ne se manifeste guère que par des
« caractères négatifs ; ce n'est ni la France ni
« la Bretagne... »

« La tenure à domaine congéable, pour me
servir des expressions du même auteur, antérieure
à la féodalité, était destinée à lui survivre. » Cette
institution fut conservée et réglementée par la loi
du 6 août 1791.

Bien que l'idée du domaine congéable fût complétement étrangère à la féodalité, les principes de
la loi féodale durent nécessairement exercer une
certaine influence dans cette matière comme dans
toutes les autres parties du droit privé. Ainsi, par

exemple, le colon qui était *stagier de fief* (V. Carré, p. 23), était astreint à tous les devoirs que comportait cette qualité : il était soumis à la juridiction du seigneur, etc... Mais, s'il en était ainsi, « ce n'était point en vertu du contrat, par sa seule force et son effet naturel. » — Voyez également la disposition de l'art. 9 de l'usement de Rohan, qui accordait au propriétaire foncier un droit de succession par voie de déshérence, lorsqu'il était en même temps seigneur du lieu.

Il faut, du reste, soigneusement distinguer le domaine congéable d'avec le *droit de quévaise* qui existait dans certaines parties des pays de Cornouailles et de Léon. Le mot *quévaise* (du breton *qué vez*, va dehors) exprime également l'idée d'un congé à donner; mais ce serait là, d'après Carré (p. 25, note 3), le seul point de rapprochement entre les deux hypothèses.

Le quévaisier était assimilé en quelque sorte à un serf, puisque (art. 2 de l'*Usement*) il était tenu de cultiver lui-même la tenue; après un an et un jour d'absence, il perdait ses droits qui faisaient retour au seigneur foncier. Le domanier au contraire fut toujours libre de résider ou non sur la tenure convenantière, et d'exercer ses droits par lui-même ou par l'entremise d'un tiers.

« La quévaise, disait Baudouin, est un tenement féodal non remboursable par le seigneur », et il concluait également de ces deux circonstances que la quévaise était essentiellement différente du domaine congéable.

La matière du domaine congéable était régie autrefois par divers usements relatifs chacun à un territoire particulier ; on cite comme les plus connus : l'usement de Tréguier et Goëlo dont Baudouin s'était spécialement occupé dans son traité, l'usement de Cornouailles, celui de Broërec, celui de Rohan. Je note, dans ce dernier usement, cette singulière disposition des art. 17 et 18, d'après laquelle, à la mort du domanier, le plus jeune des fils (*le juveigneur*) ou, à son défaut, la plus jeune des filles (*la juveigneure*), était appelé à lui succéder sur la tenue.

Ces usements furent approuvés d'une façon générale lors de la réforme de la coutume de Bretagne en 1580. Mais cette approbation générale ne s'appliqua pas à la rédaction par articles de ces divers monuments de droit non écrits tentée par certains jurisconsultes, de leur autorité privée.

Le bail à domaine congéable a droit à toutes nos sympathies pour les éminents services qu'il a rendus et qu'il rend encore à notre pays.

Nos landes et bruyères sont devenues proverbiales ; sans doute ce caractère sauvage et agreste du sol Breton parle à l'imagination des poètes, et c'est sous cet aspect que les *bardes* anciens et modernes se plaisent à chanter notre pays ; mais le jurisconsulte et l'économiste sont obligés de se placer à un autre point de vue plus sérieux ; le but qu'ils se proposent tend à substituer de prosaïques mais utiles champs de blé au pittoresque mais improductif « *landier d'or* » du poète.

A ce point de vue, l'utilité du bail à domaine congéable a été démontrée par l'expérience : « S'il est « un fait incontestable, dit un illustre professeur de « la faculté de Droit de Rennes, c'est que les pays « où ce genre de contrat est établi, se distinguent « éminemment par une plus grande perfection « dans la culture et surtout par une plus grande « aisance répandue parmi les cultivateurs. Que « l'on parcoure en effet les propriétés à domaine « congéable, on distinguera au premier coup-d'œil « le convenant des autres baux à ferme... ! »

-Carré fait également remarquer que la Société d'agriculture de Paris, appelée à donner son avis sur le maintien du bail à convenant, « *s'empressa d'en proclamer l'évidente utilité et de manifester son vœu pour sa propagation, surtout dans les lieux où il y a des terres à défricher.* »

Un auteur anonyme de *Quelques observations sur l'état actuel de notre législation en matière de domaine congéable*, comparant le bail à ferme et le bail à convenant, accorde de même toutes

ses préférences à ce dernier : « Le bail à ferme,
« dit-il, n'est guère qu'un louage d'ouvrage et
« réduit le paysan à la plus dure condition....;
« il lui ôte le courage d'entreprendre des amé-
« liorations (1), qui ne devront profiter qu'à ses
« successeurs ; il le réduit à la dure nécessité
« d'épuiser , dans ses dernières années de jouis-
« sance, tous les sucs de la terre destinés à la
« production de plusieurs récoltes, pour acquitter
« le prix du fermage presque toujours excessif
« *et ne laisser après lui que le mécontentement du*
« *propriétaire et le découragement du nouveau*
« *fermier.....*

« Le colon, au contraire, reçoit en sortant le
« prix de ses droits réparatoires, au moyen du-
« quel il peut attendre et s'établir sur une nou-
« velle tenue. Il est propriétaire et peut donner
« plus d'essor à ses opérations ; il a aussi plus de
« liberté et plus d'indépendance, il peut dé-
« guerpir, il peut vendre sa tenue et l'affermer. »

Quoi qu'il en soit, lors de l'abolition du régime
féodal, le bail à domaine congéable fut l'objet
des attaques les plus vives, et on réclama l'abolition complète et absolue de cette institution ;

(1) Nous verrons ci-dessous dans quelle mesure il est vrai de dire,
en sens contraire, que le preneur à domaine congéable, propriétaire
des édifices et superficies, peut améliorer la tenue , et comment il faut
distinguer la simple amélioration de l'innovation.

on alla même jusqu'à dire que c'était *de l'élixir
féodal.* La loi du 6 août 1791, consultant les in-
térêts de l'agriculture dans notre pays, se donna
bien garde d'admettre une mesure aussi radicale :
le bail à domaine congéable fut maintenu ; les
concessions ainsi faites, porte l'art. 1, continue-
ront d'être exécutées entre les parties qui ont
contracté, sous cette forme, leurs représentants
ou ayant-cause, mais seulement sous les conditions et modifications ci-après exprimées.

Ces modifications eurent pour objet la suppres-
sion de tout ce qui, dans les usements, rappelait,
de près ou de loin, les lois féodales abolies.

Je mentionne la disposition de l'art. 11, d'après
laquelle le colon peut rompre le contrat en se
faisant rembourser la valeur des édifices et superfices.

Que sont devenus les anciens usements qui réglaient la matière sous l'ancienne jurisprudence ?
Aucun doute relativement aux baux antérieurs à
1791. D'après l'art. 7, dans le silence dés parties,
il faut se reporter à ces anciens usements « en ce
« qui concerne leurs droits respectifs sur la dis-
« tinction du fonds et des édifices et superfices,
« des arbres dont le domanier doit avoir la pro-
« priété ou le simple émoudage, des objets dont
« le remboursement doit être fait au domanier
· lors de sa sortie, comme aussi en ce qui con-

« cerne les termes des paiements des redevances
« convenantières, la faculté de la part du doma-
« nier de bâtir de nouveau ou de changer les bâ-
« timents existants. »

Mais *quid* à l'égard des baux postérieurs à la
loi du 6 août? L'art. 13 de cette loi semble bien
formel lorsqu'il dispose qu'à l'égard des baux ou
baillées postérieurs « les conventions des parties,
librement exprimées, *seront la seule règle* qui dé-
terminera leurs droits respectifs. » Il est bien
évident que les usements ne peuvent pas ici être
invoqués comme dispositions législatives. Mais ne
pourrait-on au moins les consulter comme expli-
catifs de la volonté des parties? Je ne puis pas
admettre que l'on doive écarter ce principe si
sage, admis par le Code Napoléon (art. 1160):
« In contractibus tacite veniunt quæ sunt moris
et consuetudinis. » Telle est, du reste, également
l'opinion de Carré et d'Aulanier.

Après la loi du 6 août 1791, les ennemis du domaine congéable ne se tinrent pas pour satisfaits
d'un simple amendement là où ils voulaient une sup-
pression totale. Un an s'était à peine écoulé depuis
la loi de 1791, que fut rendue la loi du 17 août
1792, dont l'art. 1ᵉʳ porte expressément: « La tenure
convenantière ou à domaine congéable est abolie; les coutumes locales qui régissent cette tenure
sous le nom d'usements sont abrogées: en consé-

quence les ci-devant domaniers *sont et, demeurent propriétaires incommutables* des fonds comme des édifices et superfices de leurs tenures. » Cette loi obligeait seulement le colon à rembourser à l'ancien foncier la redevance au denier vingt et accordait à ce dernier une indemnité « à l'égard des bois de futaie, tels que chênes... qui se trouveront *soit en remise..... ou existant en rabine ou bosquet hors des clôtures des terres en valeur.* »

Le 29 floréal an II (17 juillet 1793), la convention alla encore plus loin ; elle dispensa le colon du remboursement de la redevance lorsqu'elle n'aurait pas été originairement créée *sans mélange et signe de féodalité*. Carré fait d'ailleurs remarquer que les remboursements maintenus dans les autres hypothèses étaient *purement idéaux* : « Et en effet,
« dit-il, sans parler de la dépréciation des assignats,
« on peut demander si c'était racheter une tenue
« que de payer au denier vingt le capital d'une
« prestation qui souvent n'était pas la dixième ni
« même la vingtième partie du revenu réel du
« fonds, surtout lorsqu'on ne comprenait point
« dans l'évaluation les commissions ou nouveautés
« qui formaient une partie considérable de cette
« prestation. »

La réaction ne devait pas tarder à se faire sentir: lorsqu'il fut possible de parler, on réclama ; le gouvernement crut lui-même devoir faire droit à ces réclamations : par un message du 15 messidor an IV, le Directoire demanda l'abrogation des lois de 1792 et 1793, et enfin la loi du 9 brumaire an VI, remit en vigueur la loi du 6 août 1791 et déclara les propriétaires fonciers MAINTENUS *dans la propriété de leurs tenues* conformément aux dispositions de cette loi.

Voilà toute la loi du 9 brumaire ; comme on le voit, elle ne déterminait pas si et dans quelle mesure elle rétroagissait sur le passé.

Deux résolutions avaient été proposées au conseil des Anciens par le conseil des Cinq-Cents : celle qui fut rejetée, du 17 thermidor an V, était plus explicite que celle qui fut convertie en loi : elle annulait *tous les actes qui avaient leur fondement dans la loi de* 1792.

« Qu'une loi, disait Malleville dans son rap-
« port à l'occasion de cette résolution du 17 ther-
« midor, qui en rapporte une autre qui avait foulé
« aux pieds la propriété, frappe sans commiséra-
« tion ceux qui malgré les cris de leur conscience
« et leur propre titre ont profité de ses dépouilles,
« tous les hommes sages et justes applaudiront à
« cette disposition ; mais que le glaive de la loi
« s'étende jusqu'à ceux qui, sans intérêt dans le
« premier acte, ont seulement acquis de l'usur-
« pateur, qu'une loi intermédiaire avait déclaré
« propriétaire incommutable, c'est là un arrêt
« auquel l'équité refuse de souscrire.....

« L'acquéreur a en sa faveur la loi sur la foi
« de laquelle il a acquis, et du vice de laquelle il
« ne peut être puni, puisque ce n'est pas lui qui
« l'a provoquée.....

« Ce n'est qu'avec regret, disait en terminant
« Malleville, *et par le seul motif d'une exception*
« *en faveur des tiers acquéreurs*, que la Commission
« propose de déclarer que le Conseil ne peut ap-
« prouver la résolution qui lui est soumise. »

Il me paraît dès lors évident que le texte de la
loi de l'an VI, « les propriétaires *sont maintenus*, »
ne produisit aucun effet rétroactif à l'égard des
tiers acquéreurs.

Une question plus délicate s'élève : celle de
savoir quel fut l'effet de la loi de l'an VI, à
l'égard du colon qui avait effectué le remboursement de sa redevance convenantière, aux termes
de la loi du 17 août 1792.

Je crois que, nonobstant ce remboursement, le
colon n'en dut pas moins, après la loi de l'an VIII,
occuper l'immeuble à titre de simple domanier ;
ce serait, me paraît-il du moins, se tromper étran-
gement que de croire que, sous l'empire de la loi
de 1792, le paiement de la redevance convenantière était considéré comme le prix d'une cession
forcée de ses droits par le propriétaire foncier. Non,
la loi du 17 août 1792 commence par prononcer
(art. 1) que « *la tenure à domaine congéable est*

« *abolie* » ; il n'y a plus dès lors de foncier, plus de domanier, mais seulement un créancier et un débiteur d'une rente foncière remboursable.

Survient la loi du 19 brumaire qui déclare les propriétaires fonciers *maintenus dans la propriété de leurs tenues*. En présence de ces faits, tout ce que pourrait prétendre le domanier, c'est qu'il a remboursé la rente et que le paiement annuel de cette rente ne peut plus être exigé de lui.

On a même contesté la validité de ce remboursement (V. Carré, p. 374 et suiv.) : quel est le but de la loi de l'an VI, c'est de réparer les injustices de la loi de 1792 ; par cela même qu'elle reconnait le caractère injuste de cette loi, elle entend bien que le colon ne puisse pas l'invoquer en sa faveur ; n'a-t-elle pas évidemment voulu, en rétablissant la loi du 6 août 1791, que cette loi réglât seule les rapports des parties ?

La loi de l'an VI se sert des mêmes expressions lorsqu'elle abroge la loi de 1792 et la loi du 29 floréal an II ; or, l'abrogation de ce dernier texte ne se conçoit qu'avec un effet rétroactif. Mais, dira-t-on, pourquoi le rejet de la résolution du 17 thermidor an V ? Le rapport de Malleville, cité plus haut, donne à penser que *les anciens* eurent seulement en vue l'intérêt des tiers-acqué-reurs ; nous savons, en effet, qu'il terminait ce rapport en disant que c'était avec regret, « *et par le seul motif de l'omission d'une exception en faveur des tiers-acquéreurs,* » que la commission proposait le rejet de la résolution des Cinq-Cents.

Je termine ce trop long historique par cette remarque que le Code Napoléon n'a apporté aucun changement, en ce qui nous concerne, à la législation antérieure, il ne nomme même pas le bail à domaine congéable : on conçoit d'ailleurs parfaitement le silence des législateurs de 1804 sur une institution spéciale à une partie seulement de la Bretagne et réglementée par la loi du 6 août 1791. Il faut évidemment appliquer ici la disposition de l'art. 7 de la loi du 30 ventôse an XII, sur la promulgation du Code Napoléon, qui abroge les textes antérieurs que *dans les matières qui sont l'objet des lois qui composent le présent Code.*

Dans la définition que j'ai donnée plus haut du bail à convenant, définition qu'il est inutile de reproduire ici, nous avons vu que le propriétaire foncier pouvait, quand bon lui semblait, congédier le colon. Telle est nécessairement l'origine du nom de bail à domaine *congéable* donné également à ce contrat. La situation ainsi faite au colon semble, au premier abord, un peu dure ; mais il faut remarquer, comme nous le verrons ci-dessous, que le propriétaire congédiant est tenu au remboursement préalable des édifices superficiels et améliorations ; ensuite que l'exercice de ce congément est soumis à certains délais ; enfin, que le droit de congédier n'existe qu'autant qu'il n'est pas intervenu entre les deux parties une convention expresse, reconnaissant au domanier la jouissance paisible de l'immeuble pendant un plus ou moins grand nombre d'années. Ces conventions, accessoires au bail primitif, sont désignées sous le nom de *baillées d'assurance ou de renouvellement*.

Quoi qu'il en soit, sous l'ancienne jurisprudence le colon ne pouvait pas, de son côté, si l'on peut s'exprimer ainsi, congédier le propriétaire, c'est-à-dire contraindre celui-ci au remboursement des édifices et superfices ; l'origine du domaine congéable s'opposait à une semblable concession. La loi du 6 août 1791, voulant égaliser la situation de part et d'autre, crut devoir accorder au domanier le droit de renoncer à la tenue, en obtenant le susdit remboursement. Le législateur a-t-il obtenu ainsi cette réciprocité qu'il semblait vouloir établir entre les deux parties ? Je ne le crois pas. Indépendamment de la loi du contrat qui obligeait l'une à vendre sans obliger l'autre à acheter, la première obligation est bien moins lourde que la seconde, par cette raison toute simple que vendre, c'est recevoir, et acheter, débourser. L'auteur anonyme déjà cité plus haut, fait bien sentir la différence profonde qui sépare les deux hypothèses : « La loi, dit-il, a voulu qu'un propriétaire pût être contraint de vendre pour cause d'utilité publique. Mais quelle loi a jamais permis qu'un citoyen pût être contraint d'acheter ? Dans quel Code a-t-on vu proclamer une pareille maxime ? »

D'un autre côté, il était bien dur de permettre ainsi aux colons, sans transition aucune, d'imposer à leurs propriétaires cette double alternative d'un remboursement peut-être impossible ou de la perte de leurs droits, d'autant plus que la valeur des édifices et superfices avait pu acquérir une grande importance, par suite de la tolérance de ces derniers ; les fonciers, en effet, ne devaient pas user rigoureusement de leur droit d'interdire des constructions et autres *innovations* sur la tenue, les usements après tout ne les obligeant au remboursement que s'ils le voulaient bien.

D'ailleurs, pourquoi n'accorder le droit d'exiger le remboursement qu'au colon qui exploite lui-même la tenue ?

Aulanier critique également notre disposition de l'art. 11. Puis, faisant cette remarque que la jurisprudence autorise le domanier à renoncer à sa faculté d'exiger le remboursement : C'est, dit-il, la meilleure critique de la loi. Est-il bien vrai de dire que l'art. 11 touche à l'ordre public ? Il est permis d'en douter, le bénéfice de ce texte ne s'appliquant pas, ainsi que nous venons de le constater, à tous les domaniers sans distinction.

En ce qui concerne la question de forme, l'art. 14 de la loi de 1791 porte : « Tout bail à conve- nant ou baillée de renouvellement sera *désor- mais* rédigé par écrit... »

Comme on le voit, le législateur ne règle que l'avenir et nullement le passé.

Quoi qu'il en soit, cette même formalité de l'écriture était, comme nous l'apprend Baudouin (1, p. 51), également exigée autrefois sous l'em- pire de l'usement de Tréguier.

Le bail à convenant est un contrat d'une nature mixte qui se rapproche à la fois du louage et de la vente. Il n'est pas toujours facile de savoir lequel de ces deux caractères doit prévaloir. Cette ques- tion se présente notamment en ce qui concerne la capacité des parties contractantes : pour consentir ou accepter un bail à convenant, faut-il être ca- pable de vendre ou d'acheter ? Carré (p. 20) opte pour la négative : « Les baux à convenant se trou- vent, dit-il, aujourd'hui rangés dans la classe des baux ordinaires en tout ce qui peut s'appliquer à ces baux (art. 16), à la seule différence des édi- fices et superfices dont les colons sont investis. » Il applique ce principe à la femme séparée de biens qui désire prendre un immeuble à convenant.

2

Je ne puis admettre cette solution.

Je veux bien le reconnaître, relativement à la jouissance de l'immeuble, le convenant est un louage ; mais que les baux soient antérieurs ou postérieurs à 1791, dans tous les cas ils investissent le colon, comme vient de nous le dire Carré lui-même, de la propriété des édifices et superfices : ils comportent donc à ce point de vue l'idée d'une aliénation.

Devra-t-on admettre la rescision pour cause de lésion ? L'affirmative me paraît incontestable.

Baudouin (V, n° 231) cite un arrêt du Parlement de Bretagne qui s'était prononcé en ce sens. D'ailleurs, pour que la question naisse, il faut supposer une tenue à édifices ou superfices, et non des terrains « *vagues et déclos.* » Cette observation va de soi. La rescision pour cause de lésion n'est pas, en effet, admise en matière de louage.

Mais, comment évaluer le montant de la lésion ? Baudouin enseigne qu'il faut seulement tenir compte de la commission et nullement de la rente : « Représentative de la jouissance du fonds, la rente est, dit-il, de droit, présumée en proportion des fruits de cette jouissance. »

Aulanier enseigne, au contraire, que l'on devra tenir compte de ces deux éléments. Cette dernière solution me semble porter atteinte au principe que la rescision pour cause de lésion n'a pas lieu en matière de louage. Le bail à domaine congéable renferme à la fois une vente et un louage : il ne faut pas confondre le prix de la première convention avec les fermages de la seconde. Il faudra donc se demander ce que le colon doit au foncier comme acheteur des superfices. Dans le doute, il me paraît naturel de supposer, avec Baudouin, que la commission seule doit être considérée comme exigible à ce titre.

Avant d'entrer dans l'examen des obligations respectives du foncier et du domanier, je dois, ici, mentionner le principe de l'indivisibilité de la tenue convenantière, principe commun aux deux parties : lorsque l'une d'elles laisse plusieurs successeurs qui se partagent la tenue, l'autre peut exercer ses droits et actions pour le tout contre celui d'entre eux qu'il lui plaira de choisir.

L'art. 3 de la loi de 1791 fait l'application de ce principe à l'obligation pour les domaniers de payer la redevance. « Leurs héritiers, dit-il, pourront diviser entre eux les édifices et superfices, *sans préjudice de la totalité de la redevance ou des redevances dont lesdites tenues sont chargées.* » Carré fait l'application de ce principe à l'action en dommages-intérêts du propriétaire pour la dégradation de ses bois fonciers, à l'exercice par ce dernier de sa faculté de congédier, à

son droit de vendre sur simples bannies les édifices et superfices pour défaut de paiement de la
redevance.

Il reconnaît d'ailleurs que l'indivisibilité de la
tenue peut également être invoquée par le domanier. Baudouin s'exprimait ainsi à ce sujet :
« Comme les propriétaires ne peuvent détériorer
« par leurs arrangements la condition du vassal,
« ils n'acquièrent pas, par le partage du fonds,
« la faculté de séparément congédier les por-
« tions de la tenue qu'ils se sont assignées,
« lorsqu'elles sont réunies dans les mains d'un
« seul domanier. Mais chacun dispose de ses
« arbres et jouit divisément de tous les droits
« fonciers, *dont la partition ne nuit point à l'unité*
« *des superfices possédés par le même colon.* »

Il nous reste maintenant à mettre les deux
parties en présence et à examiner quels sont les
droits respectifs de l'une à l'égard de l'autre.

§ 1er.

DES DROITS DU PROPRIÉTAIRE.

Le bailleur est 1° propriétaire non-seulement
du fonds même de la tenue, mais encore de
certains arbres que, par ce motif, on appelle

arbres fonciers; 2° indépendamment des commissions stipulées lors du bail ou de la baillée, il perçoit une redevance représentative de la jouissance du fonds; 3° il peut vendre sur simples bannies les droits superficiels du colon, à défaut par ce dernier d'exécuter ses prestations; 4° enfin il peut congédier son domanier en observant certains délais.

1° *Propriété des arbres fonciers.* — On a dit, en parlant de l'origine du bail à domaine congéable, que le but du concédant était de former *un simple contrat de ménagement et de labourage.* Il est naturel, dès lors, de supposer qu'ils eurent l'intention de se réserver comme accessoires du fonds les plantations qui n'exigeaient aucune culture. L'art. 7 de la loi du 6 août 1791 renvoie, comme nous le savons, aux usements, en ce qui concerne la détermination des arbres qui appartiennent au colon et de ceux relativement auxquels ce dernier a simplement un droit d'émondage.

« La jurisprudence, écrivait Baudouin sous
« l'ancien Droit, est fixée par différents arrêts
« qui lui donnent (au propriétaire) la disposition
« non-seulement du chêne, de l'ormeau, *châ-*
« *taignier*, frêne, hêtre, *noyer*, mais générale-
« ment de tous les arbres *propres à merrain*.

« suivant l'expression indéfinie de l'usement de
« Cornouailles. Art. 7. »

Les arbres fruitiers appartiennent au colon;
mais certains arbres sont à la fois bois d'œuvre
ou propres à merrain et fruitiers : tels sont les
châtaigniers et noyers. Il résulte du passage de
Baudouin que je viens de citer que ces arbres
devaient autrefois être considérés comme fonciers.
L'art. 8 de la loi du 6 août se prononce contre
cette ancienne jurisprudence : d'après cet art. 8,
lorsque le bail ou la baillée et les usements ne
contiendraient aucun réglement sur les châtaigniers
et noyers, lesdits arbres seraient réputés fruitiers,
à l'exception toutefois de ceux qui seraient plantés
en avenues, masses ou bosquets, *et ce nonobstant
toute jurisprudence contraire.*

Les bois fonciers étant réservés aux propriétaires
sont, par cela même, aux risques de ces derniers,
dans le cas de force majeure ; mais, en dehors
de cette hypothèse, on présume la faute du colon
et on le rend responsable de toutes dégradations ; « rigueur suffisamment justifiée, dit Bau-
« douin (n° 61) par la facilité qu'a le colon de
« faire à sa décharge la preuve des cas fortuits
« au lieu que le propriétaire est souvent réduit
« à l'impossibilité de convaincre positivement les
« auteurs de dégradations ordinairement noctur-
« nes, toujours commises hors de sa personne. »

Ce principe de la responsabilité du preneur est également admis par le Code Napoléon en matière de louage (v. les art. 1730, 31 et 32).

Le colon aura-t-il au moins droit aux émondes des arbres fonciers ? On applique à cet égard cette distinction fort rationnelle : les arbres sont-ils destinés par leur nature à l'agrément du propriétaire (avenues , bosquets, rabines...), le propriétaire en a seul la jouissance ; le domanier peut au contraire émonder les arbres qui garnissent les fossés de la tenue (*Usement de Cornouailles*, art. 7), et autres dont la destination est d'être exploités par lui. (V. toutefois, en sens contraire, l'*Usement de Daoulas*, art. 7).

Supposons que le propriétaire abatte des arbres aux émondes desquels le domanier avait droit. Ce dernier pourra-t-il alors demander une indemnité ? Il semble au premier abord que cette indemnité devrait lui être accordée ; le foncier s'est engagé par le contrat de bail à laisser le colon jouir des produits de la chose louée conformément à la destination de cette chose. Baudouin toutefois, dont l'opinion est également aujourd'hui suivie par Aulanier, se prononçait en sens contraire. Le propriétaire, dit-on en ce sens, en se réservant la propriété des arbres fonciers, s'est par cela même réservé la faculté d'user librement de ce droit de propriété ; or, *qui suo jure utitur neminem lædit.*

« D'ailleurs, dit Baudouin (n° 94), l'indemnité ainsi payée par le propriétaire usant de son droit serait d'autant plus singulière dans la pratique que les troncs les plus mauvais étant les plus chargés de branchages, le propriétaire paierait au-delà de sa valeur un arbre dont le domaine ne lui serait pas disputé. »

Aulanier ajoute cette considération, que le droit aux émondes est accordé au colon en raison du préjudice que peuvent lui causer l'ombre et les racines, et de la responsabilité qu'il encourt des dégâts commis par les tiers sur ces arbres. Cette explication du droit du colon aux émondes ne me paraît pas admissible; je crois que ce droit résulte plutôt pour lui de la destination du bail : voilà pourquoi il lui est refusé relativement aux avenues, rabines et bosquets.

Le propriétaire peut, en respectant les droits de jouissance du domanier, planter des arbres fonciers sur la tenue ; il faudra consulter à cet égard la destination des lieux,

2° *De la redevance convenantière.* — Cette redevance est, comme le dit Baudouin, représentative de la jouissance du fonds par le colon ; comme nous l'avons déjà vu plus haut, il ne faut pas confondre cette rente annuelle avec la commission stipulée par le propriétaire lors de l'entrée en jouissance du colon ou à l'occasion d'une baillée de renouvellement.

La redevance peut comprendre, comme partie accessoire, certaines prestations personnelles désignées sous le nom de *corvées*.

Sous l'ancienne jurisprudence, certaines corvées étaient dues de plein droit en vertu d'une disposition générale des usements : on les désignait sous le nom de *corvées légales*, pour les distinguer des prestations exigibles en vertu d'une clause spéciale du bail ou de la baillée que l'on appelait *corvées conventionnelles ou spécifiques*.

Ces dernières prestations sont seules conservées par l'art. 4 de la loi de 1791 : « Le propriétaire « foncier, dit-il, ne pourra exiger du domanier « aucunes journées d'homme, voiture, chevaux ou « bêtes de somme qui n'auront point été stipulées « et détaillées par le bail ou la baillée, et à leur « défaut par acte recognitoire et qui n'auraient « été exigées qu'en vertu d'un texte des usements « ou d'une clause de soumission à iceux ; lesdites « journées qui auront été expressément stipulées « ne s'arrérageront pas. »

A cette règle générale qui abroge les corvées légales, la loi n'apporte qu'une exception. Art. 5 : « Pourront néanmoins les propriétaires fonciers, « d'après les seuls usements, exiger que les grains « et autres denrées provenant des redevances con-

« venantières, soient transportés et livrés par
« le domanier, à ses frais, au jour indiqué par le
« propriétaire foncier, jusqu'à 3 lieues de dis-
« tance de la tenue, et ledit droit de transport
« ne pourra s'arrérager. »

Ce texte ne prévoit que l'hypothèse d'une redevance payable en nature : est-il également applicable lorsqu'il s'agit d'une rente consistant en espèces ? Je crois que, comme il s'agit d'une disposition exceptionnelle, et selon les principes de la loi de 1791 (art. 4) et selon les principes du Code Napoléon (art. 1247), il faut s'en tenir au texte même de notre art. 5 et ne pas l'étendre d'un cas à un autre, bien loin d'être identique à celui qu'il prévoit.

D'après les art. 4 et 5, *ad finem*, les corvées dues par le colon *ne s'arrérogent pas*. Ainsi, elles devront être réclamées dans l'année sous peine de déchéance.

3° *De la vente sur simples bannies*. -- A l'égard du propriétaire foncier qui exerce ses droits, les édifices et superfices ne sont pas considérés comme incorporés au fonds de la tenue : *ils en sont détachés*, dit Baudouin. On en a tiré cette conséquence que lorsqu'il poursuivait la vente de ces droits superficiels pour inexécution de la part du domanier de ses obligations et prestations, il ne devait

pas être astreint aux formalités de la saisie immo-
bilière; mais, d'un autre côté, les formalités de la
saisie mobilière ont été considérées à bon droit
comme insuffisantes : on a en conséquence admis
dans notre hypothèse une procédure spéciale : *la
vente sur simples bannies.*

La loi du 6 août 1791 dit à ce sujet (art. 24 et
25), qu'à défaut de paiement par le domanier des
prestations et redevances par lui dues, et en cas
d'insuffisance des meubles, grains et denrées
appartenant à ce dernier, le propriétaire peut
vendre les édifices et superfices après avoir obtenu
un jugement de condamnation ou de résiliation,
vente qui sera faite « sur trois publications en
l'auditoire du tribunal. »

Partant de ce texte on a organisé ici une procédure particulière, en consultant les anciens usages
du pays. Je ne saurais entrer dans les détails de
cette procédure. Je rappelle seulement ce principe
qu'une formalité ne peut, dans le silence de la loi
être exigée, à peine de nullité « *à défaut de paiement des prestations et redevances.* » La loi parle
ainsi de l'obligation du domanier qui se présente
d'abord à l'esprit ; il me paraît naturel d'admettre
avec Aulanier qu'il n'y a rien là de limitatif, et que la
vente sur simples bannies serait également possible
dans l'hypothèse où le colon refuserait d'acquitter
toute autre dette dont il serait tenu à ce titre.

A qui appartient le droit de vendre sur simples bannies ? *Au propriétaire foncier.* Que décider lorsque ce dernier a cédé le fonds à un tiers, mais demeure encore créancier du domanier pour l'arriéré? Aulanier lui reconnaît le droit de vendre sur simples bannies pour recouvrer le montant desdites créances arriérées. Ni le colon, ni le nouveau propriétaire ne peuvent en effet se prétendre lésés.

Le *colon*, c'est évident ; la vente du fonds est pour lui *res inter alios acta.* Le *nouveau propriétaire* : le résultat de la vente sur simples bannies est de substituer un autre colon à celui qui se trouve déjà sur la tenue : or, qu'importe au foncier qu'il ait pour colon celui-ci plutôt que celui-là ? Il peut toujours, si bon lui semble, congédier le domanier qui ne lui inspire pas suffisamment de confiance ; il faut d'ailleurs ajouter qu'Aulanier ne voit plus aujourd'hui (C. ci-dessous) une assurance de neuf ans au profit du nouveau domanier. Quoi qu'il en soit, j'aurais peine à admettre que le bailleur à domaine congéable pût contraindre celui auquel il a vendu son fonds à subir l'expulsion du colon que ce dernier entend conserver : l'acquéreur, après tout, doit être considéré comme le maître absolu de la tenue. Que l'ancien propriétaire se serve donc des autres moyens de droit que la loi laisse à sa disposition pour recouvrer le montant des créances qui peuvent lui rester dues.

Dans tous les cas, je ne crois pas non plus, et Aulanier est également ici le premier à le reconnaître, que le droit de vendre sur simples bannies puisse être accordé au simple créancier de la redevance convenantière, lorsque le droit à cette redevance et la propriété du fonds reposent sur deux têtes différentes. Dans le silence de la loi, le créancier de la redevance convenantière, comme le dit très-bien Aulanier, doit être assimilé au créancier ordinaire d'une rente foncière et traité comme tel.

La vente sur simples bannies a-t-elle pour effet d'éteindre complétement la dette du colon? En d'autres termes, le propriétaire qui n'a pas reçu tout ce qui lui était dû, peut-il poursuivre celui qui fut autrefois son colon pour obtenir le paiement du surplus, par les voies du droit commun? L'affirmative me paraît évidente : il est vrai, le domanier pouvait se libérer de toute redevance ou prestation en faisant au propriétaire l'abandon de ses droits superficiels ; mais cet abandon il ne l'a pas fait : il a préféré les chances d'une liquidation : c'est à lui d'en supporter les conséquences.

Autrefois la vente sur simples bannies assurait au colon acquéreur une assurance de neuf ans ; en d'autres termes, le propriétaire n'avait le droit de le congédier qu'après l'avoir laissé jouir paisiblement de l'immeuble pendant neuf ans. En est-il de même aujourd'hui ? Comme nous l'avons déjà vu plus haut, Aulanier refuse d'imposer une semblable charge au foncier. Le nouveau colon devrait donc obtenir une baillée d'assurance du propriétaire, qui pourrait stipuler une commission.

Cette interprétation est bien dure ; il semble étrange que l'acquéreur des superfices n'en acquiert la jouissance que pour être immédiatement livré à la merci de son vendeur. Tout porte à croire que le législateur de 1791, déjà si favorable au colon, n'aurait pas été plus dur à son égard dans notre hypothèse que la législation antérieure. N'est-il pas, d'ailleurs, à supposer que les parties ont entendu s'en référer à cet égard aux anciens usages, qui ont toujours été considérés comme le complément naturel des conventions expresses.

4° *De la faculté de congédier le domanier* — La faculté pour le propriétaire de congédier est, comme on l'a bien dit, « une condition propre et spéciale » au bail à convenant.

Le propriétaire peut renoncer à l'exercice de cette faculté soit au PROFIT du domanier lui-même, soit au profit d'un tiers : dans l'un et l'autre cas, la convention relative à cette renonciation porte le nom de *baillée*. Il faut soigneusement distinguer ce contrat accessoire du contrat principal: « Le bail convenantier, dit Baudouin à ce sujet (*Glossaire*), est proprement le contrat qui démembre la superficie du fonds pour la convertir en domaine congéable, et la baillée est un acte postérieur à ce premier démembrement, où le foncier confirme au colon détenteur, ou, par un pouvoir de congédier, donne à un tiers la jouissance des droits convenantiers déjà détachés du fonds. » La convention par laquelle le foncier renonce à sa faculté de congédier au profit du domanier, prend le nom de baillée d'assurance ou de renouvellement; la convention par laquelle il la cède à un tiers, porte le simple nom de baillée.

Ce dernier contrat paraît d'abord étrange. Voici une hypothèse qui en fera concevoir l'utilité pratique: Je suis propriétaire foncier d'une tenue située au fond de Cornouailles. Cette tenue est mal exploitée par le colon; à la rigueur, je pourrais bien le congédier, mais je suis au loin, en Normandie, par exemple; je ne puis m'occuper des détails du prisage et autres opérations du congément. Un autre cultivateur de Cornouailles, connaissant mes dispositions à l'égard de mon domanier et voulant le remplacer sur la tenue, me prie de lui céder ma faculté de congément,

On avait admis au profit de ce dernier, comme au profit de l'acquéreur sur simples bannies, une assurance de 9 ans. Il serait bien dur de refuser aujourd'hui ce bénéfice au cessionnaire de la faculté de congédier, qui s'est substitué à l'ancien colon. Il est manifeste qu'il n'a pas voulu, en acquérant les droits superficiels, se soumettre à l'éventualité d'un congé immédiat; il est présumable qu'il a entendu s'en référer sur ce point aux anciens usages.

A l'expiration du délai prévu par la baillée, le propriétaire recouvre son droit le congément; on décidait même, sous l'ancienne jurisprudence, que peu importait le temps écoulé depuis cette expiration.

La loi de 1791 (art. 14) admet la tacite réconduction dans cette hypothèse « pour 2 ou 3 années, selon que l'usage du pays sera de régler l'exploitation des terres pour 2 ou 3 années. »

On s'est demandé, mais la question ne présente plus aujourd'hui d'intérêt pratique, si cet art. 14 était applicable aux baillées antérieures à 1791 ?

Il semble difficile d'admettre que la loi ait, dans cette hypothèse, interprété différemment ce même fait de la continuation de la jouissance des parties après le terme fixé. Carré et Aulanier se prononcent toutefois en sens contraire.

C'est, en effet, après avoir exigé que les baux et baillées futurs soient rédigés par écrit et comme exception à ce principe général, que le législateur admet la tacite réconduction, « *si néanmoins* le propriétaire foncier avait laissé..... »

En second lieu, même lorsque l'exercice de ses droits n'est entravé par aucune baillée, le propriétaire qui veut congédier le colon est obligé d'observer certains délais (art. 22). Le colon ne peut être contraint de quitter la tenue qu'à l'époque de la St-Michel (29 septembre), c'est-à-dire lorsqu'il a pu terminer toutes ses récoltes sur la tenue (art. 21). Le congé doit lui être signifié six mois auparavant.

On donne à l'acte du propriétaire qui congédie le domanier le nom générique de consolidation. On ne peut se méprendre sur l'importance de cet acte : c'est une acquisition à titre onéreux des édifices et superfices de la tenue. Je le sais bien, on pourrait dire que, vis-à-vis du foncier qui exerce ces droits, ces édifices et superfices ne peuvent être considérés comme immeubles ; mais enfin il me paraît impossible, vu le résultat définitif du congément, de refuser au propriétaire le droit de contester la consolidation émanant d'un simple administrateur : d'un tuteur, par exemple.

Aulanier (2ᵉ édition) accorde à l'usufruitier

3

le droit d'exercer le congément. Seulement, bien entendu, à la dissolution de l'usufruit, l'usufruitier ou son successeur prendra, vis-à-vis du propriétaire, le lieu et place de l'ancien colon qui pourra, si bon lui semble, le congédier à son tour. Pourquoi, en effet, refuser à l'usufruitier le droit de jouir de la tenure de la façon qui paraîtra la plus avantageuse !

La faculté de congédier est exercée contre le colon ; peut-elle l'être contre un simple détenteur que ce dernier se serait substitué sur la tenue ? Baudouin (n° 33) admettait l'affirmative : « Autrement, comme le disait un ancien auteur « qu'il cite à l'appui de sa solution, il (le pro- « priétaire) recevrait par la faute et négligence « d'autrui tant d'incommodité que ledit droit de « congément lui serait plus à charge qu'à profit; « au lieu que le domanier qui a confié sa tenue « aux labour et ménagement d'autrui se doit im- « puter la faute de n'avoir pas choisi des per- « sonnes fidèles et solvables. »

Carré (p. 265) admet aujourd'hui la solution contraire. Il ne voit dans cette idée de Baudouin que l'application et l'extension de ce principe féodal : « Que le seigneur qui voulait intenter quelque action contre son vassal, en sa qualité de vassal, pouvait lui donner assignation au lieu du fief servant, quoique le vassal n'y fût pas domicilié. » Mais il ne voit pas de raison pour déroger aujourd'hui au principe général de l'art. 68 C, pr., d'après lequel « tous exploits doivent être faits à personne ou à domicile. »

Cette dernière opinion me paraît préférable.

Au surplus, il est manifeste qu'il ne faut pas exiger la même capacité pour adhérer à un congément que pour l'exercer. Ainsi, par exemple, le tuteur qui représente le mineur dans tous les actes de la vie civile, devra être considéré comme capable de représenter le colon mineur dans cette hypothèse.

D'après quelles règles s'opérera le remboursement des édifices et superfices dû par le congédiant?

D'après l'art. 17 de la loi de 1791 : « Il sera « procédé au prisage à l'amiable entre les par- « ties, ou à dire d'experts convenus ou nom- « més d'office par le juge de paix du canton, dans « le ressort duquel les tenues seront situées, sauf « aux parties, en cas de contestation sur l'esti- « mation, à se pourvoir devant le tribunal du « district. »

La loi prévoit d'abord l'hypothèse d'un arrangement amiable qui, il faut l'espérer, se présentera souvent. Cette hypothèse est toute simple : il suffit de la mentionner.

A défaut d'arrangement amiable, les parties

doivent se présenter devant le juge de paix du canton de la tenue, lequel ordonne aux parties de choisir des experts dans un délai déterminé, et à défaut d'experts ainsi convenus en nomme lui-même d'office.

Il est, du reste, évident qu'il ne résulte pas de là que le juge de paix soit compétent pour trancher la question de savoir s'il y a lieu ou non à l'exercice du droit de congédier : la loi suppose que le colon reconnait ce droit au fermier. Il faut même décider que le juge de paix serait incompétent, lorsque le colon assigné devant lui ferait défaut, et contesterait ainsi indirectement le bien fondé du congément.

L'art. 19 s'exprime ainsi relativement à la détermination de la valeur des édifices et superfices : « Tous les objets, dit-il, qui doivent entrer en « estimation seront estimés *suivant leur vraie va-* « *leur à l'époque de l'estimation.....* Les proprié- « taires fonciers seront tenus de rembourser au « domanier tous lesdits objets, *même les labours* « *et engrais,* sur le pied de l'estimation. »

Suivant leur vraie valeur. Pour me servir des expressions techniques, il faudra seulement tenir compte du *menu* et nullement *des revenus :* « Le « prisage, écrivait Baudouin, a pour unique objet « le prix des matériaux et de leur emploi. »

Même les labours et engrais. Baudouin s'expri-

mait dans le même sens sous l'ancienne jurisprudence : « Les trempes et engrais que les proprié-
« taires ont sur ou dans les terres doivent être
« estimés. Comme ils tendent directement à
« l'amélioration la plus fructueuse de l'héritage,
« comme d'ailleurs le congédiant entre aussitôt
« après le congédié dans la jouissance exclusive
« de la tenue, *le remboursement s'en fait en total*
« *et en deniers.* » Remarquons toutefois que les
usements de Rohan et de Brouërce se pronon-
çaient en sens contraire. (V. l'art. 14 de l'us. de
Rohan.)

Gatechair, dans les *Mémoires* qu'il nous a
laissés sur l'usement de Brouërce, accordait seulement au domanier le droit de percevoir un quart
de la récolte des terres labourées et engraissées;
encore exigeait-il que ces terres n'excédassent pas
les trois quarts de la tenue.

« *A l'égard des pailles et fumiers* amoncelés,
« disait Baudouin, ce sont des provisions qui ne
« sont point attachées à la terre : elles n'entrent
« pas dans le prisage des droits, et *le congédié en*
« *dispose à son gré.* » Carré admet aujourd'hui la
solution contraire, en appliquant au domanier la
solution de l'art. 1778 Code Nap.

La loi accorde au colon expulsé un droit de
rétention ; en d'autres termes, il ne peut être
contraint de quitter la tenue s'il n'a pas été *préa-*

lablement remboursé. Que décider lorsque les deux parties ne sont pas d'accord sur la question de savoir quels sont les objets remboursables ; le propriétaire peut-il consigner les valeurs qu'il prétend être seulement dues par lui au domanier ? Aulanier admet la validité de la consignation : cette opinion me paraît très-contestable ; le débiteur ne peut consigner que ce que le créancier doit recevoir (art. 1258 C. N.). Pour que les offres réelles soient valables, il faut *qu'elles soient de la totalité de la somme exigible.* Il faut donc que l'on sache quelle est cette somme exigible.

A l'inverse, le colon peut-il exiger le remboursement provisoire des objets en lit'ge ? Aulanier admet encore ici l'affirmative, à charge par le colon de donner caution ; je ne puis encore adopter cette solution qui n'est fondée sur aucun texte de loi : que les parties s'accordent ou que la justice prononce !

Par qui devront être supportés les frais du congément ?

L'art. 18 de la loi de 1791 porte : « Les frais « de la nomination d'experts, de leur prestation « de serment, du prisage et de l'affirmation, se- « ront supportés, *à l'égard des baux actuellement « cristants,* par le propriétaire foncier ; *et pour « les baux qui seront faits à l'avenir, ils seront « payés par ceux que les conventions en charge-*

« *ront.* » Cet article soulève trois questions :

D'abord, relativement aux baux antérieurs à 1791, devra-t-on suivre les anciens usements lorsqu'ils mettaient les frais du congément à la charge du domanier; devra-t-on au moins se conformer, à cet égard, à une clause du contrat de bail conçu dans le même sens?

Enfin, en ce qui concerne les baux postérieurs, que décider lorsque les parties n'ont pas exprimé leurs intentions, comme le suppose notre texte. Devra-t-on alors appliquer la première partie de l'art. 14 et mettre les frais à la charge du propriétaire-foncier ? Carré, dans une consultation du 24 avril 1829, citée par Aulanier, résolut négativement les deux premières questions et affirmativement la troisième. Je ne vois aucune objection à faire à l'une ou à l'autre de ces trois solutions.

Mais, dira-t-on, relativement à la dernière, d'après quel principe mettra-t-on ainsi les frais du congément à la charge du foncier ? Aulanier fait judicieusement remarquer que ce dernier joue le rôle d'un acheteur et qu'il convient, par suite, de lui appliquer le principe général de l'art. 1593 au titre de la vente : les frais d'actes et autres accessoires sont à la charge de l'acheteur. Quels sont les effets du congément exercé ? Le bail à domaine congéable est résolu : le congédiant devient seul maître sur la tenue. Quel sera l'effet de cette résolution du bail relativement aux fermiers que le colon s'est substitués pendant sa jouissance ?

Devra-t-on appliquer la maxime : *Resoluto jure dantis, resolvitur jus accipientis* (V. Baudouin, n° 324) ? Sous l'ancienne jurisprudence, on admettait l'affirmative. Aulanier se prononce également en ce sens aujourd'hui : relativement au propriétaire foncier, le domanier n'est, dit-il, lui-même qu'un fermier ; ce n'est qu'à ce titre qu'il peut louer la jouissance de la tenue à un tiers. Cette opinion me paraît contestable : il est dur d'assimiler à un simple fermier celui que le foncier ne peut expulser sans lui rembourser préalablement la valeur des édifices et superfices : ne pourrait-on pas dès lors déclarer applicable, sinon dans son texte du moins dans son esprit, la disposition si pleine d'équité de l'art. 1673, qui ordonne au vendeur usant d'un pacte de rachat de respecter les baux passés sans fraude par l'acquéreur ? Il faut que les biens soient administrés ; il faut que le colon qui ne peut exploiter lui-même l'immeuble puisse le louer à un autre dans des conditions acceptables.

Quoi qu'il en soit, il faudrait, et Aulanier est le premier à le reconnaître, accorder au fermier évincé une caution en dommages-intérêts contre le domanier lorsque ce dernier lui aurait caché la nature essentiellement précaire du titre auquel il détenait l'immeuble, et, dans tous les cas, reconnaître le droit d'obtenir dans le remboursement une part proportionnelle jusqu'à concurrence des améliorations qu'il aurait apportées à la tenue.

De la revue. — On appelle ainsi une seconde expertise faite à la requête de l'une des parties qui se prétend lésée par un premier prisage.

La revue admise par la coutume de Bretagne (art. 262) , a été conservée par la loi de 1791 (art. 181'); il semble du reste naturel d'admettre que la loi nouvelle reconnaissant à chacune des parties le droit d'exiger ce nouveau prisage, s'en réfère par cela même aux anciens principes qui réglaient l'exercice de ce droit. Ainsi par exemple, on admet que la partie qui se prétend lésée doit intenter sa plainte, comme elle le faisait autrefois dans l'an et jour de la première expertise. Comme nous l'apprend Baudouin , on discutait sous l'ancienne jurisprudence la question de savoir si ce délai courait depuis la modification de l'expertise , ou seulement du jour du remboursement. « Ce « dernier sentiment, disait-il, est le plus plausible, « car le défendeur en congément n'a pas une « certitude entière de son existence jusqu'à ce « qu'il soit remboursé.....; d'un autre côté le

« congédiant n'est à même de connaître la lésion
« qu'il souffre que par la jouissance qu'il fait des
« superfices depuis le remboursement. »

Baudouin reconnaît que, d'un autre côté, la revue peut être demandée avant le remboursement ; il me semble difficile dès lors d'admettre que le délai de déchéance ne court pas du jour où chaque partie peut agir.

Devant quelle juridiction devra-t-il être procédé à la revue? Une même juridiction paraîtrait devoir être admise pour le premier et le second prisage. La loi, toutefois, semble refuser ici compétence au juge de paix pour l'accorder au tribunal de 1re instance: art. 17 déjà cité plus haut. « Il sera procédé au prisage....., sauf *aux parties en cas de contestation sur l'estimation à se pourvoir devant le tribunal du district.*

Effets de la revue. - D'abord aurait-elle pour effet de suspendre les opérations du congément? On décide (V. Carré, p. 282, dont l'opinion est suivie par Aulanier), que le premier prisage devra être exécuté. Cette opinion contraire aux principes généraux du droit n'est pas suffisamment justifiée.

Lorsque la revue a été demandée par l'une des parties seulement, l'autre, au profit de laquelle s'est prononcée la seconde expertise, peut-elle en réclamer le bénéfice ?

L'affirmative me paraît incontestable ; il faut assimiler ce deuxième prisage à la décision rendue par une juridiction supérieure sur l'appel de l'une des deux parties en litige. Cette décision pourra être invoquée par l'autre partie, lorsqu'elle aura été rendue en sa faveur. Mais, dit Carré, en sens contraire, le domanier ou le foncier, qui n'a pas réclamé dans l'an et jour, est déchu de ses droits ; il doit être considéré comme ayant admis définitivement la première estimation. Je réponds : le Code de procédure n'accorde à la partie qui veut attaquer une décision judiciaire par la voie de l'appel, que le délai de deux mois. En résulte-t-il que l'intimé, par cela seul qu'il a laissé l'appelant le dévancer, ait par cela même renoncé au droit d'invoquer la décision qui va être rendue à la requête de ce dernier ? Non, évidemment ; il doit en être de même dans notre hypothèse. Je crois donc avec Aulanier, qu'il faut admettre, avec toute la portée dont elle est susceptible, cette idée d'un arrêt de la Cour de Rennes du 2 avril 1838 : « *La revue en matière de domaine congéable est une expertise nouvelle substituée à la première et devant prévaloir sur celle-ci.* »

§ II.

DES DROITS DU COLON.

1. Le colon est propriétaire des édifices et superfices. — 2. Il peut faire *exponce*, c'est-à-dire
se libérer de ses obligations vis-à-vis du propriétaire foncier, en lui abandonnant ses droits. —
3. Enfin, il peut, sans attendre le congément du
propriétaire, prendre lui-même l'initiative et réclamer le remboursement de ses édifices et superfices.

1 • Il est propriétaire des droits superficiels.

En cette qualité, il aura l'exercice des actions
réelles que suppose toute idée de propriété.

On s'est demandé s'il pouvait intenter, contre
le propriétaire foncier les actions possessoires
qui, comme on le sait, ne s'appliquent qu'aux
immeubles. On dit : relativement au propriétaire,
les édifices et superfices parfaitement distincts et
détachés du fonds qui lui appartient, sont par
cela même considérés comme meubles.

Aulanier me semble avoir raison de cette objection, par ce motif que le foncier n'agissant

pas ici en cette qualité doit être assimilé à un simple tiers.

Le colon peut, si bon lui semble, non-seulement se substituer un fermier sur la tenue, mais encore aliéner ses droits (art. 3).

Sous l'ancienne jurisprudence, l'usement de Rohan restreignait singulièrement l'exercice de ce droit d'aliénation (V. l'art. 29 de cet usement).

Si, pour me servir des expressions d'un ancien auteur, le colon est *seigneur superficiaire*, d'un autre côté, relativement au fonds de la tenue, il est un simple fermier.

A ce titre, il devra jouir de l'immeuble suivant la destination du bail, et toute innovation lui sera interdite sans le consentement du foncier.

D'après Baudouin (n° 257) : « *Les améliorations licites, vi legis, sont celles qui ne tendent qu'à l'entretien ou la restauration de la tenue dans son ancien état, ou à sa fertilisation.* »

« A la restauration de la tenue dans son ancien état. » — C'est ainsi que l'on décidait sous l'usement de Rohan que le colon pouvait rebâtir l'édifice tombé en ruines sur les anciens fondements.

On est allé jusqu'à prétendre que le colon ne pouvait pas transformer en terres de labour les landes et terres incultes qui lui avaient été données à domaine congéable. Mais le but et l'origine du bail

à convenant protestent contre un semblable sys-
tème. Aussi Baudouin reconnaissait-il au domanier le droit « d'entreprendre *les défrichements et
desséchements* » qu'il jugerait convenables sur la
tenue.

C'est également en ce sens qu'est conçu l'art. 9
de l'usement de Cornouailles, dont la disposition
équitable me paraît résumer parfaitement toute la
théorie *des simples améliorations* (permises) et des
innovations prohibées : « Ils (les colons) ne peu-
« vent construire maisons neuves sans la permis-
« sion de leur seigneur foncier, et ce d'autant
« qu'ils ne peuvent sans leur permission grever le
« fonds ; *bien peuvent sans permission faire tous
« autres édifices utiles et nécessaires, comme hayes,
« fossés, vergers, jardins et prairies.* »

Je cite également cette définition du convenant donnée par le Supplément de l'usement
de Brouërce (V. Merlin, v° *Bail à domaine congéable*) : « Une espèce de contrat emphytéotique
par lequel les seigneurs ont excité les laboureurs
à entreprendre les défrichements et culture en leur
laissant la jouissance du fonds, à charge de
certaine prestation annuelle *avec faculté d'y
faire des améliorations*, dont ils ne pourront être
expulsés qu'en leur remboursant le prix de ce
qu'elles se trouveront valoir en congément. »

Lorsque le colon a outrepassé ses droits et élevé

des constructions sur la tenue, il aura seulement droit, lors de la fin du bail, à l'enlèvement des matériaux. Mais le propriétaire pourra-t-il retenir les constructions et à quelles conditions ? Je crois qu'il faut appliquer ici la première partie de l'art. 555 Code Nap., relative aux ouvrages faits sur le fonds d'autrui par un tiers de mauvaise foi.

Le propriétaire devrait donc aujourd'hui non-seulement les matériaux, comme l'exigeait simplement Baudouin sous l'ancienne jurisprudence (n° 271), mais encore le prix de la main-d'œuvre.

Le propriétaire sera-t-il toujours en droit, quel que soit le laps de temps écoulé, de critiquer les innovations ? Sous l'ancien droit, on admettait seulement ici la prescription de 40 ans (*præscriptio longissimi temporis*) (V. Baud., t. II, p. 35) ; sous le droit actuel, la loi n'en admettant pas de plus longue, il faut s'en tenir à la prescription trentenaire. Du reste, on appliquera les diverses causes d'interruption admises par le Code Napoléon, par exemple une reconnaissance émanant du colon (art. 2248).

Que décider relativement aux actes passés par le colon en reconnaissance du bail à convenant, désignés sous le nom de lettres recognitoires ? Aucune difficulté lorsque, pour me servir des

expressions de Baudouin, elles sont désignatives
des innovations : « Si par exemple le convenantier
« déclare la maison à un étage seulement, bien
« qu'il l'ait exhaussée d'un second......, les lettres
« recognitoires renferment une désignation for-
« melle, empêchant la possession paisible des
« novalités et, par conséquent, leur légitimation
« par 40 ans. »

Mais si l'acte est *purement omissif*, si l'on garde
seulement le silence sur l'innovation sans en
exclure l'existence, Baudouin ne voit pas dans
cette simple omission, une interruption de la possession paisible du domanier. Aulanier ne suit
pas l'idée de Baudouin, il voit dans le silence
du colon une reconnaissance tacite à laquelle il
convient d'appliquer l'art. 2248.

2• Du droit de faire exponce.

On appelle ainsi le droit pour le domanier
d'éviter les poursuites dirigées contre lui par le
propriétaire, en lui abandonnant les édifices et
superfices. Le droit d'exponce existait sous l'ancien droit, Baudouin allait même jusqu'à dire :
« Le déguerpissement est une ressource permise
toties quoties ; la renonciation la plus formelle ne
formerait point d'obstacle à son exercice. »

L'art. 26 de la loi de 1791 porte : « Pourront
« les domaniers éviter la vente de leurs meubles
« et la vente subsidiaire de leurs édifices et
« superfices, en déclarant au propriétaire fon-
« cier qu'ils lui abandonnent leurs édifices et
« superfices. »

Cet article ne distingue pas, comme on le
faisait auparavant, entre les arrérages échus et
les arrérages à échoir : en d'autres termes, il résulte de la loi que le domanier en faisant *exponce* ne sera pas seulement libéré *in futurum*,
mais encore *in præteritum*. Il semble toutefois que
ce dernier ayant un droit acquis aux arrérages
échus ne devrait pas perdre sa créance par le
fait personnel de son débiteur.

Lorsque la tenue est possédée par plusieurs
colons, l'un de ces colons pourrait-il faire un
abandon partiel au propriétaire ? Carré admet
l'affirmative (sauf, dit-il, la faculté pour le propriétaire de subroger les autres colons dans les
droits du déguerpissant pour l'avenir) ; il enseigne que cette jurisprudence était suivie sous
l'ancien Droit ; or, la loi nouvelle, plus favorable
au colon que l'ancienne, n'aurait évidemment pas
entendu changer cet état de choses.

J'ai peine à croire que cette solution était aussi
généralement adoptée autrefois que semble l'admettre cet éminent jurisconsulte ; il est bien vrai

4

qu'un arrêt du 28 août 1612 admit l'abandon partiel dans notre hypothèse; mais, disait Baudouin, qui se prononçait en sens contraire (V. n° 253) :

« *Cette décision étrange n'est pas suivie;* le bailleur n'est pas tenu de morceler ni sa rente ni son héritage. »

Mais, dira-t-on, la loi nouvelle est très-favorable au colon. Je ne vois donc pas à quel titre on pourrait imposer au codomanier restant sur la tenue, même pour l'avenir, la suite des obligations du prétendant à l'exponce, obligations qui ont déjà été trop lourdes pour ce dernier.

3. Du droit d'exiger le remboursement.

Cette faculté nouvelle fut, comme nous le savons, accordée aux colons par la loi du 6 août 1791 (art. 11) ; mais elle n'est accordée qu'à ceux qui exploitent eux-mêmes la tenue, et ne peut d'ailleurs être exercée qu'à l'expiration des baillées : ces conventions ont, en effet, pour objet non-seulement d'assurer désormais la jouissance paisible du preneur sans qu'il ait à craindre pendant le temps déterminé le congément, mais encore de garantir le foncier contre une demande en remboursement intentée dans ce même délai.

Le colon peut-il renoncer pour toujours à la faculté que la loi lui accorde d'exiger le remboursement? Aulanier, après avoir constaté contre lui une jurisprudence contraire, enseigne que cette renonciation est impossible. Il regarde le droit du colon au remboursement comme d'ordre public ; il veut bien reconnaître que la disposition de notre art. 11 est critiquable : mais enfin une interprétation ne doit pas être *une critique*.

Tel serait, d'après Aulanier, le caractère de la solution d'une jurisprudence qui consacrerait la clause en question. En conséquence, appliquant par analogie l'art. 530 Code Nap., sur le rachat d'une rente foncière, il considère le domanier comme lié seulement pendant 30 ans.

La faculté pour le colon de se faire rembourser me paraîtrait également comme touchant à l'ordre public, si elle avait été accordée à tous les domaniers sans distinction ; mais la loi reconnaît uniquement cette faculté à ceux qui exploitent eux-mêmes la tenue. Au contraire, en ce qui concerne les domaniers qui font exploiter la tenue par des tiers, la loi de 91 a bien voulu que le bail à convenant ait, quant à eux, une durée illimitée, tandis qu'il serait résiliable à volonté par le propriétaire.

Ne peut-on pas, dès-lors, voir dans la disposition de l'art. 11 une simple faveur accordée aux uns, refusée aux autres, et à laquelle les premiers peuvent renoncer?

Le remboursement est un congément exercé à la requête du domanier. — On a donc appliqué ici la procédure suivie dans l'hypothèse de l'exercice par le propriétaire de sa faculté de congédier.

Le propriétaire, actionné en remboursement, qui ne peut disposer de la valeur des édifices et superfices, est réduit par la loi de 1791 à la triste nécessité d'abandonner son fonds au colon sans aucune indemnité : « Pourra néanmoins le foncier se libérer en abandonnant au colon la propriété des fonds de la rente convenantière. » Ce texte n'est du reste que l'application de ce principe général d'après lequel celui qui est obligé réellement *propter rem*, peut s'affranchir de son obligation en livrant la chose qui est l'objet.

Le propriétaire conservera-t-il, malgré l'abandon par lui fait de son fonds, le droit de réclamer les arrérages de la rente, échus antérieurement à cet abandon? La situation faite par la loi au propriétaire me semble déjà bien assez dure, pour qu'on n'aille pas encore l'aggraver en lui arrachant, dans le silence des textes, une créance valablement acquise.

Mais, dira-t-on, l'exponce libère le domanier des arrérages échus et à échoir.

Cette objection se retourne contre ceux qui l'invoquent: si l'abandon des édifices et superfices

produit un effet aussi exorbitant en faveur du domanier, l'abandon du fonds ne peut être à ce
point préjudiciable à celui qui le consent, qu'il
lui enlève son droit aux arrérages définitivement
échus.

Caen, imprimerie F. Le Blanc-Hardel.